BEI GRIN MACHT SICH ... WISSEN BEZAHLT

- Wir veröffentlichen Ihre Hausarbeit,
  Bachelor- und Masterarbeit

- Ihr eigenes eBook und Buch -
  weltweit in allen wichtigen Shops

- Verdienen Sie an jedem Verkauf

Jetzt bei www.GRIN.com hochladen und kostenlos publizieren

Markus A. Wiemann

Methoden und Werkzeuge zur Geschäftsprozess-Optimierung

GRIN Verlag

Bibliografische Information der Deutschen Nationalbibliothek:

Die Deutsche Bibliothek verzeichnet diese Publikation in der Deutschen National-
bibliografie; detaillierte bibliografische Daten sind im Internet über http://dnb.d-
nb.de/ abrufbar.

Impressum:

Copyright © 2002 GRIN Verlag GmbH
Druck und Bindung: Books on Demand GmbH, Norderstedt Germany
ISBN: 978-3-640-85959-7

Dieses Buch bei GRIN:

http://www.grin.com/de/e-book/23042/methoden-und-werkzeuge-zur-
geschaeftsprozess-optimierung

GRIN - Your knowledge has value

Der GRIN Verlag publiziert seit 1998 wissenschaftliche Arbeiten von Studenten, Hochschullehrern und anderen Akademikern als eBook und gedrucktes Buch. Die Verlagswebsite www.grin.com ist die ideale Plattform zur Veröffentlichung von Hausarbeiten, Abschlussarbeiten, wissenschaftlichen Aufsätzen, Dissertationen und Fachbüchern.

Besuchen Sie uns im Internet:

http://www.grin.com/

http://www.facebook.com/grincom

http://www.twitter.com/grin_com

Hochschule Niederrhein

Fachbereich Wirtschaftswissenschaften

Betriebswirtschaftliches externes Studium mit Präsenzphase

Hausarbeit

zum Thema:

„Methoden und Werkzeuge zur Geschäftsprozess-Optimierung"

vorgelegt von

Markus André Wiemann

Inhaltsverzeichnis

Gliederung

Abkürzungsverzeichnis

a.a.O. .... am angeführten Ort

Abb. .... Abbildung

Aufl. .... Auflage

EPK .... ereignisgesteuerte Prozesskette

GPM .... Geschäftsprozessmodellierung

GPO .... Geschäftsprozessoptimierung

H. .... Heft

insb. .... insbesondere

IS .... Informationssystem

IT .... Informationstechnik

Jg. .... Jahrgang

s. .... siehe

S. .... Seite

sog. .... so genannt

Vgl. . ... Vergleiche

z. Zt. .... zur Zeit

Abbildungsverzeichnis

1. Veränderte Wettbewerbsbedingungen

Durch die zunehmende Globalisierung der Märkte und die damit einhergehende Veränderung der Wettbewerbsbedingungen werden Unternehmen und ganze Branchen mit neuen Anforderungen konfrontiert. Die immer härter werdende Konkurrenz aus dem In- und Ausland, der ansteigende Kostendruck, der Wandel vom Verkäufer- zum Käufermarkt, auf Individualisierung ausgerichtete Kundenanforderungen, die Dynamisierung der Absatzmärkte, immer kürzer werdende Innovations- und Produktlebenszyklen zwingen die Unternehmen zu schlanken, flexiblen und schlagkräftig Strukturen. Sollen Ziele wie Reduzierung der Durchlaufzeiten, Senkung der Kosten, Erhöhung der Flexibilität oder Verbesserung der Produkt- oder Service-Qualität erreicht werden, müssen die Arbeitsabläufe einer ständigen Neugestaltung unterworfen werden.

1.1. Problemstellung

Die Erhaltung und Stärkung der unternehmerischen Leistungs- und Konkurrenzfähigkeit bedingt die fortwährende Überprüfung, Kontrolle und Anpassung der Unternehmensstrukturen an sich verändernde wirtschaftliche Verhältnisse. Hierbei herrscht Einigkeit darüber, dass die Neugestaltung von Organisationsstrukturen nicht mehr funktionsorientiert, sonder prozessorientiert erfolgt. Im Mittelpunkt der Betrachtung stehen also nicht mehr die einzelnen Funktionen, sondern komplette Geschäftsprozesse.[1] Sind diese optimal gestaltet, ist der erfolgreiche Fortbestand und die Weiterentwicklung eines Unternehmens gesichert.
Im Rahmen dieser Ausarbeitung wird untersucht, welche Methoden und Werkzeuge Unternehmen zur Geschäftsprozessoptimierung (GPO) einsetzen können.

1.2. Gang der Untersuchung

In Kapitel zwei wird zunächst der Weg von der funktionsorientierten zur prozessorientierten Organisationsgestaltung aufgezeigt. Kapitel drei hat die Grundlagen der GPO herauszustellen. Dazu werden zunächst grundlegende Begriffe definiert

---

[1] Vgl. Kirchmer, Mathias: Geschäftsprozessorientierte Einführung von Standardsoftware: Vorgehen zur Realisierung strategischer Ziele, Wiesbaden 1996, S. 1

und Ziele, Aufgaben und Phasen der GPO aufgezeigt. In Kapitel vier werden die Methoden und Werkzeuge vorgestellt, die Unternehmen zur GPO einsetzen können. Die Beurteilung der Methoden und Werkzeuge zur GPO beschließen die Ausarbeitung (Kapitel fünf).

2. Der Wandel zur prozessorientierten Organisationsstruktur

2.1. Funktionale Organisation

Die Vielzahl der Unternehmen weisen heute meist noch funktionsorientierte Organisationsstrukturen auf.[2]

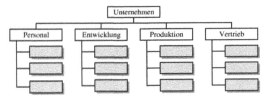

Abb. 1: Funktionale Organisation

Die nach dem Prinzip der Arbeitsteilung gebildeten und auf den Grundideen von Taylor basierenden Organisationsstrukturen haben sich aufgrund der ausschließlich im deutschsprachigen Raum sowohl in der Theorie als auch in der Praxis durchgesetzten Trennung in Aufbau- und Ablauforganisation entwickelt. Als organisatorische Zielsetzung steht die Ressourceneffizienz im Vordergrund. Daher wird die unternehmerische Gesamtaufgabe in kleinere, auf andere Funktionsbereiche zu verteilende Aufgaben aufgeteilt. Dies führt zu

- einer starren Abgrenzung von Aufgaben-/Verantwortungsbereichen,
- einer hohen Arbeitsteilung,
- der Bildung von zahlreichen Hierarchiestufen und
- einer Trennung von dispositiven und operativen Abläufen.

Der Nachteil dieser Organisationsstruktur besteht in der isolierten Betrachtungsweise einzelner betriebswirtschaftlicher, jedoch logisch inhaltlich eng miteinander

---

[2] Vgl. Schulte-Zurhausen, Manfred: Organisation, 2. Aufl., München 1999, S. 240; **übereinstimmend** Kirchmer, Mathias: Geschäftsprozessorientierte Einführung von Standardsoftware: Vorgehen zur Realisierung strategischer Ziele, Wiesbaden 1996, S. 7

verknüpfter Funktionen. Die erschwerte Kommunikation und Koordination zwischen den einzelnen Funktionsbereichen infolge der vielen Interdependenzen und Schnittstellen führt dazu, dass einzelne Aktivitäten eines Unternehmensbereiches zwar zielorientiert, aber nicht im Sinne einer optimalen Gesamtabwicklung ausgeführt werden. Dadurch kann auf Kundenwünsche und Marktveränderungen nicht flexibel genug reagiert werden.

2.2. Prozessorganisation

Die Erhaltung der Wettbewerbsfähigkeit und Kundenorientiertheit bedingen die kostengünstige und schnelle Abwicklung von Geschäftsprozessen. Dazu müssen im Unternehmen schlanke Prozesse mit entsprechenden organisatorischen Maßnahmen und Hilfsmitteln realisiert werden. Genau hier setzt die Prozessorientierung der Organisation an, d.h. die Abkehr von der funktionsbezogenen Optimierung hin zu einer durchgängigen Geschäftsprozessgestaltung entlang der Wertschöpfungskette. Zur Durchführung dieses Umstrukturierungsprozesses müssen

- die Aufbauorganisation an den Geschäftsprozessen ausgerichtet,
- die Geschäftsprozesse konsequent und kontinuierlich gestaltet und
- die Unternehmensführung kundenorientiert ausgerichtet

werden.[3]

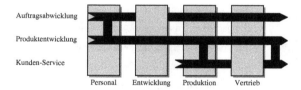

Abb. 2: Prozessorientierte Organisation

3. Geschäftsprozessoptimierung

Seit einigen Jahren lassen sich Schlagwörter wie Business Reengineering, Business Process Reengineering, Business Process Design, Geschäftsprozessmodellie-

---

[3] Vgl. Hohmann, Peter: Geschäftsprozesse und integrierte Anwendungssysteme: Prozessorientierung als Erfolgskonzept, Wien 1999, S. 149

rung und -optimierung sowohl in der Wirtschaftspraxis als auch in der wirt-
schaftswissenschaftlichen Literatur finden. Es handelt sich hierbei um Gestaltungsstrategien, die darauf ausgerichtet sind, im Unternehmen am Markt ausgerichtete Geschäftsprozesse zu implementieren. Dadurch sollen die Marktforderun-
gen nach Flexibilität, Kundenorientierung, Kosten- und Durchlaufzeitsenkung er-
füllt werden.[4]

So unterschiedlich die Bezeichnungen für die Gestaltungsstrategien sind, so unterschiedlich wird der Begriff „Geschäftsprozess" definiert. Zumal wird häufig nicht
zwischen Prozess und Geschäftsprozess unterschieden. Daher erscheint es sinn-
voll, zunächst diese grundlegenden Begriffe zu erläutern.

3.1. Definitionen und Begriffe

3.1.1. Prozess

Bei einem Prozess handelt es sich um eine Folge logisch zusammenhängender
Aktivitäten, die innerhalb einer bestimmten Zeitspanne, der sog. Durchlaufzeit,
zur Bearbeitung eines betriebswirtschaftlich relevanten Objektes notwendig sind.

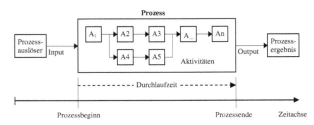

Abb. 3: Elemente eines Prozesses

Innerhalb eines definierten Anfangs- und Endzeitpunktes wird durch die Kombi-
nation von Ressourcen (Menschen, Sachmittel, Know-how, Informationen) ein
Wertzuwachs (Wertschöpfung) geschaffen, der als Prozessergebnis in Form eines
Produktes oder einer Dienstleistung sichtbar wird.[5] Prozesse verfolgen daher im-

---

[4] Vgl. Hohmann, Peter, a.a.O., S. 158
[5] Vgl. Schulte-Zurhausen, Manfred, a.a.O., S. 49

mer eine bestimmte Aufgabe (Zweckbezug) und sind auf die Erreichung von Zielen ausgerichtet (Kundenbezug).

3.1.2. Geschäftsprozess

In einem Unternehmen können verschiedene Aktivitäten und Prozesse nicht beliebig miteinander verknüpft werden. Zur Erreichung eines inhaltlich definierten Ergebnisses, z.B. die Abwicklung eines Kundenauftrages, bilden die aus funktionalen Gründen ablaufmäßig miteinander verbundenen Aktivitäten und Prozesse eine Prozesskette, die den eigentlichen Geschäftsprozess ausmachen.

Abb. 4: Geschäftsprozess als Prozesskette

Da Geschäftsprozesse nicht an organisatorische Strukturen wie Unternehmens- und Abteilungsgrenzen gebunden sind, verlaufen sie nicht nur quer durch das ganze Unternehmen, sondern auch über die Unternehmensgrenzen hinweg und schließen Lieferanten und Kunden mit ein.

3.2. Ziele und Aufgaben der Geschäftsprozessoptimierung

Die GPO ist darauf ausgerichtet, unter Einsatz entsprechender Mittel und Techniken, strategische Unternehmensziele zu erreichen. Geschäftsprozesse sind daher auf diese Unternehmensziele hin zu gestalten und auszurichten. Mit Hilfe der GPO sollen verbesserte oder gar optimale und vereinheitlichte Geschäftsprozesse für die Zukunft festgelegt werden. Optimierungsschwerpunkte sind:

- die Reduzierung des gesamten Material- und Informationsfluss,
- die Senkung der bisherigen Kosten und Bearbeitungszeiten,
- die Erhöhung der Flexibilität des Unternehmens, um auf Marktveränderung schnell reagieren zu können,
- die Sicherung der Wettbewerbs- und Konkurrenzfähigkeit.

Dabei hat sich die Optimierung einzelner Geschäftsprozesse auf die Optimierung der Gesamtabwicklung zu konzentrieren und nicht auf die Optimierung einzelner Funktionsbereiche.

Heutzutage ist eine GPO ohne Informationstechnik nicht konsequent möglich. Daher stellen integrierte Informationssysteme (IS) ein Hilfsmittel zur Prozessunterstützung und -orientierung dar, wodurch der Erfolg geschäftsprozessorientierter Optimierungen und damit die optimale Erreichung strategischer Unternehmensziele bestimmt wird.

Der Vorteil integrierter, auf Datenbankbasis gestützter Anwendungssysteme liegt zum einen in der prozessorientierten Unterstützung der Umgestaltung von Unternehmen und zum anderen in dem Zwang zur systembedingt stärkeren Prozessorientierung. Erst durch den Einsatz derartiger Systeme können die Potentiale zur Veränderung der Prozesse erschlossen und Geschäftsprozesse effektiver und effizienter gestaltet werden, was eine Reduzierung des Personalbedarfs, der Durchlaufzeiten und der Kosten sowie die Erhöhung der Flexibilität zur Folge hat.[6]

3.3. Phasen der Geschäftsprozessoptimierung

Die GPO wird schrittweise durchgeführt. Dabei hat es sich in der Praxis bewährt, die GPO in verschiedene Phasen einzuteilen und durchzuführen.[7]

3.3.1. Projektvorbereitung

Im Rahmen der Projektvorbereitung wird zunächst der Projektrahmen festgelegt. In dieser Phase werden

- die Grobziele für das Projekt definiert,
- die Projektvorgehensweise festgelegt und
- die Projektorganisation darauf abgestimmt.

Da sich der Aufbau einer effizienten Projektorganisation als wesentlich erweist, erfolgt

- die Management-Unterstützung durch einen Lenkungsausschuss,

---

[6] Vgl. Hohmann, Peter, a.a.O., S. 153-154
[7] Vgl. Heib, Ralf: Business Process Reengineering mit ARIS-Modellen. In: Scheer, A.-W. (Hrsg.): ARIS – vom Geschäftsprozess zum Anwendungssystem, 3. Aufl., Berlin 1998, S. 149

- die methodische Aufbereitung und Konsolidierung der Projektergebnisse durch ein Projektkernteam,

- die Erarbeitung der fachlichen Ergebnisse durch Prozessteams, in denen die Fachanwender und Mitglieder der Projektkernteams vertreten sind.

Bevor die Kick-Off-Veranstaltung durchgeführt wird, werden ausgehend von den vorher definierten Projektzielen die einzusetzenden Beschreibungsmethoden festgelegt und in einem Konventionen- und Projekthandbuch dokumentiert.

3.3.2. Strategische Planung

Die GPO hat sich an der Positionierung des Unternehmens zu orientieren. Daher werden die Geschäftsprozesse so gestaltet, dass die strategischen Unternehmensziele umgesetzt werden können. Mit Hilfe von Produkt- und Leistungsmodellen sowie durch Zieldiagramme werden die strategischen Rahmenbedingungen dokumentiert und zur Konkretisierung der Ziele des GPO-Projektes analysiert.

3.3.3. Ist-Analyse

Die Ist-Analyse wird im Rahmen der Geschäftsprozessmodellierung (GPM) mit Hilfe der Methode der ereignisgesteuerten Prozesskette (EPK) durchgeführt. Die Modellierung der Geschäftsprozesse schafft Transparenz und ermöglicht die Identifikation von Prozessschwachstellen und Verbesserungspotentialen.

3.3.4. Soll-Konzept

Mit Hilfe einer Schwachstellenanalyse der bestehenden Geschäftsprozesse werden alternative Soll-Abläufe festgelegt. Die dabei entstehenden Soll-Prozesse werden dann im Hinblick auf ihren Zielerreichungsgrad unter Zuhilfenahme von Werkzeugen zur Simulation und Prozesskostenrechnung bewertet. Steht das Soll-Konzept, werden darauf aufbauend die Aufbauorganisation erarbeitet, dokumentiert (Organigramm) und die organisatorischen Maßnahmen zur Sicherstellung der neuen Soll-Prozesse festgelegt.

3.3.5. DV-Konzept

Im Rahmen des DV-Konzeptes wird die Umsetzung der Soll-Geschäftsprozesse durch moderne Informationstechnologien geplant. Die Ergebnisse werden in einem DV-Bebauungsplan, der Geschäftsprozesse, Anwendungssysteme und IT-Infrastruktur aufeinander abstimmt, dokumentiert. Die Erarbeitung eines Einführungs- und Migrationsplanes, der eine Einführungsstrategie für die Prozessbereiche festlegt und Termine und Ressourcen für die Umsetzung der einzelnen Teilprojekte definiert, schließen sich nach der Fertigstellung des DV-Konzeptes an.

3.3.6. Umsetzung

Die Umsetzung des DV-Konzeptes in IT-Lösungen erfolgt im Rahmen der Umsetzungs- oder auch Implementierungsphase. Hierbei kommt dem Software Prototyping eine große Bedeutung zu, da so die Übeinstimmung zwischen Prozessen und IT-Lösungen frühzeitig kontrolliert und die Akzeptanz der zukünftigen Systemanwender sichergestellt werden kann.

3.3.7. Regelmäßige Erfolgskontrolle und kontinuierliche Prozessverbesserung

Die letzte Phase der GPO ist eine Phase der Kontrolle und Optimierung. Es wird kritisch hinterfragt, ob die definierten Prozesse und die umgesetzten Systemlösungen im Sinne der angestrebten GPO-Ziele umgesetzt worden sind. Mit Workflow-Systemen können Auswertungen über Durchlaufzeiten, Kapazitätsauslastungen und Kosten der unterstützten Prozesse durchgeführt werden. Das Ziel der kontinuierlichen Prozessverbesserung wird durch regelmäßige Erfolgskontrollen und daraus abgeleiteten Maßnahmen zur Anpassung der Geschäftsprozesse und der zugehörigen IT-Lösungen erreicht.

4. Methoden und Werkzeuge zur Geschäftsprozessoptimierung

4.1. Verfügbare Methoden im Überblick

Geht es um die Umsetzung von GPO-Projekten, steht den Verantwortlichen eine Vielzahl unterschiedlicher Methoden und Werkzeuge zur Verfügung. In einer Studie beschreiben Hess/Brecht[8] insgesamt 17 uneinheitliche Methoden aus unterschiedlichen Denkrichtungen (insbes. der Managementlehre, der Organisationslehre und der Wirtschaftsinformatik), unterschiedlichen Umfeldern (Beratungsunternehmen und Forschungsinstituten) und Regionen (Europa und USA) nach einem einheitlichen Raster. In der folgenden Abb. werden die Methoden kurz vorgestellt und beschrieben.

Methode (Autor)	Zielsetzung	Anwendungsgebiet	methodenspezifische Toolunterstützung
Action Methodology (Action Inc.)	Modellierung und Reorganisation von Geschäftsprozessen.	Methode konzentriert sich auf Business Processes (Koordination zwischen Personen.	Der Action Workflow Analyst unterstützt den Entwurf der Process Map.
Reengineering (Boston Consulting Group)	Reorganisation wettbewerbsrelevanter Prozesse mit dem Ziel durchschlagender und nachhaltiger Wirkung auf den Geschäftserfolg.	Bedingte Eignung für Klein- und Mittelbetriebe.	Nicht vorhanden.
Geschäftsprozessanalyse (CSC Ploenzke)	Darstellung der Geschäftsprozesse eines Unternehmens und Ableitung von Vorschlägen zur Umgestaltung der Organisation, so dass die Wettbewerbsfähigkeit steigt und die Unternehmensziel besser erreicht werden.	Methode ist universell einsetzbar.	Nicht vorhanden.
Process Innovation (Davenport)	Radikale Überprüfung und Weiterentwicklung der wichtigsten Unternehmens-Prozesse.	Methode ist universell einsetzbar.	Nicht vorhanden.
Geschäftsprozessoptimierung (Diebold Deutschland GmbH)	Implementierung einer schlanken, markt- und kundenorientierten Organisationsform.	Die GPO unterstützt die Neugestaltung von Prozessen in marktorientiert geführten Unternehmen.	Nicht vorhanden.
Prozessanalyse und -gestaltung (Eversheim)	Effizientere und effektivere Gestaltung der Auftragsabwicklung in einem Industriebetrieb.	Die Methode ist für die Auftragsabwicklung in produzierenden Unternehmen, insb. in der Kleinserienfertigung, konzipiert.	Das Tool „Proplan" unterstützt das Zeichnen der Prozesspläne und ermöglich eine computergestützte Durchlaufzeit- und Kostenberechnung.
Semantisches Objektmodell (Ferstl/Sinz)	Analyse und Gestaltung der Koordination betrieblicher Objekte bei der Erstellung und Übergabe betrieblicher Leistungen.	Methode ist universell einsetzbar. Referenzmodelle existieren für verschiedene Branchen.	Das SOM-CASE-Tool unterstützt die Modellierung.
Reengineering (Hammer)	Grundlegende Überprüfung und radikale Neugestaltung der Unternehmens-Prozesse, um deutliche Verbesserungen bei Kosten, Qualität, Kapitaleinsatz, Service und Geschwindigkeit zu erreichen.	Methode ist universell einsetzbar.	Nicht vorhanden.
Business Process Improvement (Harrington)	Die Methode soll Unternehmen helfen, signifikante Fortschritte hinsichtlich Effizienz und Effektivität bei der Abwicklung ihrer Ge-	Die Methode ist für die Reorganisation von Geschäftsprozessen konzipiert. Produktionsprozesse	Nicht vorhanden.

---

[8] Vgl. Hess, Thomas; Brecht, Leo: State of the art des Business process redesign: Darstellung und Vergleich bestehender Methoden, 2. Aufl., Wiesbaden 1996

Methode (Autor)	Zielsetzung	Anwendungsgebiet	methodenspezifische Toolunterstützung
	schäftsprozesse zu erreichen.	sind dagegen nicht Gegenstand des Ansatzes.	
Continuous Flow Manufacturing (IBM Unternehmensberatung GmbH)	Verbesserung von Effizienz, Effektivität und Flexibilität eines Fertigungsprozesses.	Einsatzbereich der Methode sind Fertigungsprozesse.	Nicht vorhanden.
Break Point Process Reengineering (Johansson)	Erreichung radikaler Verbesserungen hinsichtlich Kosten, Durchlaufzeiten, Qualität und Services.	Methode ist universell einsetzbar. Sie ist allerdings aus der Projektarbeit in und mit Industrieunternehmen entstanden.	Nicht vorhanden.
Handbook of Organizational Processes (Malone)	Die Methode soll helfen, Organisationen schnell und effektiv auf der Basis eines Referenzmodells zu reorganisieren.	Das Prozesshandbuch lässt sich universell einsetzen.	Der Ansatz ist nur mit einem computergestützten Handbuch realisierbar.
Rapid Re (Manganelli/Klein)	Schnelle und radikale Umgestaltung strategisch wichtiger Prozesse, um die Produktivität einer Organisation signifikant zu steigern.	Empfohlen wird die Verwendung der Methode nur für Strategic und Value-Added Processes.	Das Rapid Re Toolset stellt für einen Grossteil der Tasks Funktionalitäten zur Verfügung. Das Tool dient der Dokumentation, nicht der Berechnung.
Core Process Redesign (McKinsey&Company)	Neugestaltung der Geschäftsprozesse, um deutliche und nachhaltige Stärkung der Wettbewerbsposition eines Unternehmens zu erreichen. Es werden Verbesserungen in allen zentralen Elementen des Geschäfts angestrebt.	Methode ist universell einsetzbar.	Es werden nur begrenzt methodenspezifische Tools eingesetzt. Der Schwerpunkt der Toolverwendung liegt mehr auf der Integration marktgängiger, beim Klienten bereits eingesetzter Tools, um die Implementierung zu vereinfachen.
OSSAD (OSSAD-Konsortium)	Analyse und Neugestaltung administrativer Prozesse, insb. unter Berücksichtigung der Potentiale neuer Technologien für neue organisatorische Lösungen.	Gestaltung informationsintensiver Prozesse im administrativen Bereich von Dienstleistungs- und Handelsunternehmen sowie öffentlichen Verwaltungen.	Das „Atelier OSSAD" unterstützt die Modellierung nach dem Methodenansatz.
PROMET-BPR (Österle)	Grundsätzliche Neugestaltung von Prozessen und der Aufbau eines Prozessführungssystems zur kontinuierlichen Weiterentwicklung betrieblicher Prozesse. Dadurch sollen Effektivität, Effizienz und Flexibilität der Prozesse nachhaltig erhöht werden.	PROMET-BPR unterstützt die systematische Neugestaltung von Prozessen in Unternehmen jeder Branche.	Das PROMET-Toolset unterstützt die Durchführung eines PROMET-BPR-Projekts. Es besteht aus vier Komponenten: ARIS-Toolset, PROMET-ARIS-Zusatz, PRO-DOC und PRO-Guide.
ARIS (Scheer)	Beschreibung und Optimierung betrieblicher Prozesse unter besonderer Berücksichtigung von Referenzmodellen.	Grundsätzlich lässt sich die Methode universell einsetzen. Referenzmodelle und Beispiele existieren bisher überwiegend für verschiedene Industriebetriebstypen. Beispiele für Dienstleistungsunternehmen sind z. Zt. im Aufbau.	Das ARIS-Toolset unterstützt die computergestützte Modellierung nach dem Modellierungsansatz und stellt in seinem Repository verschiedene Referenzmodelle zur Verfügung, die auch auf die Funktionalität von Standardsoftwarelösungen wie z.B. SAP R/3 abgestimmt sind.

Abb. 5: Überblick über die Methoden zur GPO

Bevor zur Durchführung von GPO-Projekten die Entscheidung für eine Methode gefällt wird, müssen im Vorfeld zunächst die Rahmenbedingungen definiert werden. Wie weiter oben ausgeführt wurde, ist eine GPO ohne den konsequenten Einsatz integrierter IS nicht möglich. IS schaffen heute im Regelfall erst die Voraussetzungen, Geschäftsprozesse zu optimieren. Daher wird betriebswirtschaftlichen und technischen Anwendungssystemen, deren Entwicklung, Auswahl und Einsatz eine immer größere strategische Bedeutung beigemessen. IS müssen folglich einen Bezugsrahmen vorgeben, innerhalb dessen Geschäftsprozesse nach festgelegten Regeln und Methoden modelliert und unter Zuhilfenahme systemimmanenter Werkzeuge optimiert werden können. Diese sog. IS-Architekturen müssen als umfassender Beschreibungsrahmen die modellbasierte Abbildung von Geschäftsprozessen ermöglichen. In der Praxis wurden die folgenden *primär methodisch* orientierten IS-Architekturen entwickelt[9]:

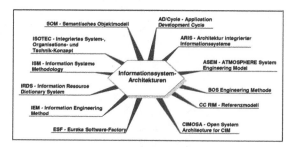

Abb. 6: Informationssystem-Architekturen

Daneben gibt es zahlreiche *technologisch orientierte* Konzepte, die das Ziel einer erleichterten Umsetzung der Methodologien mit computergestützten Werkzeugen verfolgen. Von diesen Konzepten hat sich in der Praxis das ARIS-Konzept wegen seiner großen theoretischen und praktischen Bedeutung in einer Vielzahl von Unternehmen bewährt.[10] Daher werden im Folgenden die Methoden und Werkzeuge zur GPO anhand des ARIS-Konzeptes vorgestellt.

4.2. Das ARIS-Konzept

4.2.1. Beschreibung des ARIS-Konzeptes

Unter der Abkürzung ARIS versteht man die von August-Wilhelm Scheer entwickelte „Architektur integrierter Informationssysteme". Es handelt sich hierbei um

---

[9] Vgl. Scheer, A.-W.; Nüttgens, Markus, Zimmermann, Volker: Rahmenkonzept für ein integriertes Geschäftsprozessmanagement. In: Wirtschaftsinformatik, 37. Jg., H. 5, 1995, S. 426-427
[10] Vgl. Staud, Josef: Geschäftsprozessanalyse: Ereignisgesteuerte Prozessketten und objektorientierte Geschäftsprozessmodellierung für Betriebswirtschaftliche Standardsoftware, 2. Aufl., Berlin 2001

ein Rahmenkonzept zur Neugestaltung und kontinuierlichen Verbesserung von Geschäftsprozessen, welches die vollständige und systematische Beschreibung von Geschäftsprozessen und deren Umsetzung in IT-Lösungen ermöglicht. Mit Hilfe der ARIS-Methode werden Geschäftsprozesse transparent. Einzelaspekte wie z.B. Organisations-, Funktions- und Datenstrukturen können so betrachtet, gestaltet und verbessert werden. Die Transparenz wird ermöglicht durch die Einordnung der am geeignetsten erscheinenden Methoden zur Modellierung von IS bzw. Entwicklung neuer Methoden zur Geschäftsprozess-Beschreibung in die Architektur. Ein wesentlicher Vorteil des ARIS-Ansatzes besteht in der durchgängigen Computerunterstützung durch die Werkzeug-Familie ARIS-Toolset, denn so kann die Effizienz von Reorganisationsprojekten erhöht und die Wiederverwendbarkeit der Projektergebnisse sichergestellt werden.[11]

4.2.2. Aufbau des ARIS-Konzeptes

Um die in einer Unternehmung bestehenden Geschäftsprozesse auf ein IS abzubilden zu können, wird zunächst ein Geschäftsprozessmodell entwickelt und zur Strukturierung und Vereinfachung in fünf unterschiedliche Sichten aufgeteilt.

Sichten	Ziele
Funktionssicht	Beschreibung der auszuführenden Aufgaben und deren Zusammenhänge.
Datensicht	Erfassung der Zustände und Ereignisse, die durch Daten repräsentiert werden.
Organisations-sicht	Definition der Organisationsstruktur eines Unternehmens, der menschlichen Bearbeiter sowie der maschinellen Aufgabenträger wie Betriebsmittel und Computerhardware.
Leistungssicht	Beschreibung der materiellen und immateriellen Input-/Output-Leistungen sowie die Geldflüsse eines Unternehmens.
Steuerungssicht	Beschreibung der Geschäftsprozesse eines Unternehmens.

Abb. 7: Beschreibungssichten des ARIS-Konzeptes

Anschließend wird der Bezug zur Informationstechnik, also der Weg von der betriebswirtschaftlich-konzeptionellen Anforderungsdefinition über das technische Detailkonzept bis hin zur technischen Implementierung in den einzelnen Sichten anhand eines Phasenmodells hergestellt. Im ersten Schritt werden in einem Fachkonzept ausschließlich betriebswirtschaftlich-organisatorische Inhalte betrachtet. In einem zweiten Schritt wird dann in einem DV-Konzept die Transformation des

---

[11] Vgl. Heib, Ralf, a.a.O., S. 148

Fachkonzeptes in DV-orientierte Strukturen festgelegt. Im Rahmen des dritten Schrittes, der technischen Implementierung, erfolgt die programmiertechnische Umsetzung des DV-Konzeptes. Die zuvor erläuterten Beschreibungssichten und Beschreibungsebenen bilden die zentralen Komponenten der ARIS-Architektur.

Abb. 8: Architektur integrierter Informationssysteme

4.2.3. Geschäftsprozessmodellierung mittels „Ereignisgesteuerter Prozesskette (EPK)"

Um Geschäftsprozesse zu gestalten und zu optimieren, wird als Hilfsmittel die GPM eingesetzt. Im Rahmen der GPM werden Modelle gebildet, um Geschäftsprozesse zu verstehen und auf sie einwirken zu können. Modelle stellen dabei ein immaterielles und abstraktes Abbild der Realwelt dar, werden also als Erklärungs- und Gestaltungs-Hilfsmittel für reale Systeme eingesetzt. Mit Hilfe dieser Modelle können so Erkenntnisse über Zusammenhänge und Sachverhalte bei Realproblemen, die aufgrund der Ähnlichkeit zwischen dem realen System und dem Modell bestehen, gewonnen werden.[12]

Die um 1992 am Institut für Wirtschaftsinformatik (IWi) der Universität des Saarlandes mit Mitarbeitern der SAP innerhalb eines von der SAP AG finanzierten Forschungsprojektes entwickelte ereignisgesteuerte Prozesskette (EPK) hat

---

[12] Vgl. Vossen, Gottfried; Becker, Jörg: Geschäftsprozessmodellierung und Workflow-Management: Eine Einführung. In: Vossen, Gottfried; Becker, Jörg (Hrsg.): Geschäftsprozessmodellierung und Workflow-Management – Modelle, Methoden, Werkzeuge, 1. Aufl., Bonn 1996, S. 19

sich in der Praxis zur Beschreibung betrieblicher Abläufe bewährt. Bei der Darstellung von Prozessmodellen in ARIS kommt ihr eine herausragende Bedeutung zu, da sie sowohl Beziehungen zwischen Konstrukten der Daten- und Funktionssicht als auch der Organisationssicht umfasst und somit die Grundlage zur Abbildung ablauforganisatorischer Szenarien und deren DV-technischer Umsetzung in Konzepte zum Geschäftsprozessmanagement bildet.[13] Ziel der EPK- Methode ist die Darstellung der zeitlich-logischen Abhängigkeiten von Funktionen. Zur Darstellung werden folgende EPK-Symbole eingesetzt:

Element	Symbol	Erläuterung
Ereignis		Ein Ereignis löst eine Kette von Prozessschritten aus, die durchlaufen werden. Sie lösen aufgrund ihres Eingetretenseins eine oder mehrere Funktionen/Aktivitäten aus oder sind selbst Ergebnis dieser. (Wann soll was getan werden?)
Funktion		Eine Funktion ist eine durch ein oder mehrere Ereignisse angestoßene Teilaufgabe, die innerhalb eines Geschäftsprozesses zu bearbeiten ist. (Was soll getan werden?)
Organisatorische Einheit		Organisatorische Einheiten beschreiben, wer oder welche Abteilung eine Funktion ausführt. (Wer soll es tun?)
Informations- objekt		Informationsobjekte geben an, welche Informationen zur erfolgreichen Aufgabenerfüllung notwendig sind. Sie beschreiben Gegenstände (z.B. Material, Auftrag u.s.w.) der realen Welt. (Welche Information wird dazu benötigt?)
Verknüpfungs- operatoren	ODER $\vee$ UND $\wedge$ ENTWEDER ODER XOR	Verknüpfungsoperatoren beschreiben die logischen Beziehungen zwischen Ereignissen und Funktionen oder Prozessen.
Prozesswegweiser		Prozesswegweiser sind Verbindungspunkte zu anderen Prozessen und stellen so eine Navigationshilfe dar.
Kontrollfluss		Kontrollflüsse verbinden Ereignisse mit Funktionen und stellen die zeitlich-logische Abfolge des Prozesses dar.
Informations- /Materialfluss		Informationsobjekte beschreiben, ob ein Informationsobjekt von einer Funktion gelesen, geändert oder geschrieben wird.
Zuordnung von Ressourcen/Orga- nisationseinheiten		Zuordnung von Ressourcen/Organisatorische Einheiten beschreiben, welche Einheit (Mitarbeiter, Abteilung) oder Ressourcen eine Funktion oder einen Prozess bearbeitet.

Abb. 9: Elemente der EPK

Im Rahmen der ARIS-GPM können Geschäftsprozesse mit Hilfe des von der IDS Scheer AG entwickelten Software-Werkzeuges „ARIS-Toolset" nach der EPK-Methode modelliert werden. Anhand eines abschließenden Beispiels soll die EPK-Methode für den Prozess „Wareneingangsbearbeitung" verdeutlicht werden.

---

[13] Vgl. Scheer, A.-W., a.a.O., S.428

14

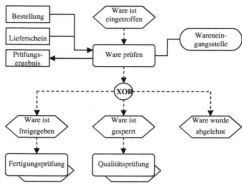

Abb. 10: EPK für den Prozess "Wareneingangsbearbeitung"

5. Beurteilung der Methoden und Werkzeuge zur Geschäftsprozessoptimierung

Zur Durchführung von GPO-Projekten steht den Verantwortlichen ein breites Spektrum von GPO-Maßnahmen zur Verfügung. Da diese zum Teil unterschiedliche Optimierungs-Ziele verfolgen, ist bei der Auswahl einer GPO-Maßnahme auf die Kongruenz zwischen der Zielsetzung der jeweiligen Optimierungsmethode und der auf die unternehmerischen Zielsetzungen ausgerichteten und zu optimierenden Prozesse zu achten. Für den Erfolg einer GPO-Maßnahme kommt es auf eine fundierte Vorgehensweise unter Einsatz geeigneter Methoden und Werkzeuge an. Hierbei spielt die Integration der Vorgehensweise, des Methodenansatzes und der Werkzeugunterstützung eine große Rolle für die effiziente Neugestaltung und Anpassung der Geschäftsprozesse. Das ARIS-Konzept bietet diese Integration. Es vereint ein Vorgehensmodell zur GPO und stellt entsprechende Methoden bereit, die durch integrierte Werkzeuge unterstützt werden. Für viele Unternehmen hat sich die Investition in die ARIS-Methoden- und Werkzeugunterstützung bezahlt gemacht. So konnten mit dem ARIS-Vorgehensmodell nicht nur kürzere Projektlaufzeiten unter gleichzeitiger Erreichung eines höheren Qualitätsstandards der Projektergebnisse realisiert werden, sondern es konnten schlanke und jederzeit auf Marktveränderungen reagierende Unternehmensstrukturen geschaffen werden. Die Wettbewerbsfähigkeit konnte so verbessert und die Konkurrenzfähigkeit gesichert werden.

15

Literaturverzeichnis

Heib, Ralf: Business Process Reengineering mit ARIS-Modellen. In: Scheer, A.-W. (Hrsg.): ARIS
– vom Geschäftsprozess zum Anwendungssystem, 3. Aufl., Berlin 1998, S. 147-153

Hess, Thomas; Brecht, Leo: State of the art des Business process redesign: Darstellung und Vergleich bestehender Methoden, 2. Aufl., Wiesbaden 1996

Hohmann, Peter: Geschäftsprozesse und integrierte Anwendungssysteme: Prozessorientierung als
Erfolgskonzept, Wien 1999

Kirchmer, Mathias: Geschäftsprozessorientierte Einführung von Standardsoftware: Vorgehen zur
Realisierung strategischer Ziele, Wiesbaden 1996

Scheer, August-Wilhelm; Nüttgens, Markus, Zimmermann, Volker: Rahmenkonzept für ein integriertes Geschäftsprozessmanagement. In: Wirtschaftsinformatik, 37. Jg., H. 5, 1995, S. 426-
434

Schulte-Zurhausen, Manfred: Organisation, 2. Aufl., München 1999

Staud, Josef: Geschäftsprozessanalyse: Ereignisgesteuerte Prozessketten und objektorientierte Geschäftsprozessmodellierung für Betriebswirtschaftliche Standardsoftware, 2. Aufl., Berlin
2001

Vossen, Gottfried; Becker, Jörg: Geschäftsprozessmodellierung und Workflow-Management: Eine
Einführung. In: Vossen, Gottfried; Becker, Jörg (Hrsg.): Geschäftsprozessmodellierung und
Workflow-Management – Modelle, Methoden, Werkzeuge, 1. Aufl., Bonn 1996, S. 17-21

www.ingramcontent.com/pod-product-compliance
Lightning Source LLC
La Vergne TN
LVHW042315060326
832902LV00009B/1517